Die Erfindung der Bibel

Götter, Worte und Propheten

Eine Betrachtung

von

Lutz Spilker

DIE ERFINDUNG DER BIBEL – GÖTTER, WORTE UND PROPHETEN

Bibliografische Information der Deutschen Nationalbibliothek:
Die Deutsche Nationalbibliothek verzeichnet diese Publikation in der Deutschen Nationalbiblio-
grafie; detaillierte bibliografische Daten sind im Internet über http://dnb.dnb.de abrufbar.

Softcover ISBN: 978-3-384-13006-8
Ebook ISBN: 978-3-384-13007-5

Druck und Distribution im Auftrag des Autors:
tredition GmbH, An der Strusbek 10, 22926 Ahrensburg, Germany

Die im Buch verwendeten Grafiken entsprechen den
Nutzungsbestimmungen der Creative-Commons-Lizenzen (CC).

Inhalt

Als die ersten Missionare nach Afrika kamen, besaßen sie die Bibel und wir das Land. Sie forderten uns auf zu beten. Und wir schlossen die Augen. Als wir sie wieder öffneten, war die Lage genau umgekehrt: Wir hatten die Bibel und sie das Land.

Desmond Tutu

Desmond Mpilo Tutu, CH (* 7. Oktober 1931 in Klerksdorp; † 26. Dezember 2021 in Kapstadt) war ein südafrikanischer anglikanischer Geistlicher und Menschenrechtsaktivist. Er war von 1986 bis 1996 Erzbischof von Kapstadt und Primas der Church of the Province of South Africa. Für seine Menschenrechtsaktivitäten wurde er 1984 mit dem Friedensnobelpreis ausgezeichnet.

Vorwort

ie Recherchen im Rahmen dieses Buchprojekts erstreckten sich nicht allein auf das sichtbare Endprodukt namens Bibel, sondern schlossen auch eine eingehende Auseinandersetzung mit den Personen ein, die während jener Ära lebten und durch ihre Beobachtungen die Entstehung dieses Schriftstücks ermöglichten.

In der initialen Phase der Buchidee widmete sich der Autor vorrangig den Menschen, die maßgeblich zur Entstehung der Bibel beitrugen. Zu dieser Zeit bevölkerten die meisten Menschen Mesopotamien, das als das Zentrum der Welt betrachtet wurde. Der Autor tauchte somit in einen ihm gänzlich fremden Kosmos ein, geprägt von Gewohnheiten, die seinen eigenen fern sind.

Die Menschen jener Epoche waren größtenteils des Lesens und Schreibens unkundig. Die Zahl der Gelehrten, die diese Fähigkeiten beherrschten, wurde auf weniger als ein Prozent geschätzt. Bis zum Stand des Jahres 2023 hat sich diese Zahl drastisch erhöht und liegt innerhalb der Weltbevölkerung nun bei über 86 Prozent. In dieser Ära lebten, mit wenigen Ausnahmen, ausschließlich einfache Menschen, die sich mühsam um ihre Landwirtschaft oder ihr Vieh kümmerten.

Ihre Beobachtungen, auch wenn sie diese möglicherweise nicht vollständig verstanden, trugen dazu bei, dass die Bibel an Vielfalt gewann. Die mündliche Überlieferung dieser Ereignisse mangelte an Verständnis für elektromagnetische Prinzipien, wie beispielsweise die Natur eines Blitzes. Vieles wurde als ›Teufelswerk‹ betrachtet, und selbst Phänomene wie Mond- oder Sonnenfinsternisse wurden als ›Zorn der Götter‹ oder des Himmels interpretiert.

In dieser Zeitspanne entstanden die frühesten Bibeltexte, die über Jahrhunderte hinweg mündlich von Generation zu Generation weitergegeben wurden und dabei den individuellen Sprachgebrauch jedes Einzelnen widerspiegelten.

Möglicherweise griffen die Erzähler sogar auf Ereignisse und Begebenheiten zu, die ihnen aus anderen Ländern und Ideologien zugetragen worden sind.

Derlei Überlegungen zugrunde gelegt, ließen folgende Überlegung entstehen:

In der griechischen Mythologie heißt der Göttervater ›Zeus‹ und das Pendant der römischen Antike ist als ›Jupiter‹ bekannt. Die oberste Gottheit des Hinduismus ist unter dem Namen ›Brahma‹ bekannt, wohingegen der christliche Gott lediglich als  ›Gott‹ bezeichnet wird, dennoch er im Alten Testament an mehreren Stellen den Namen ›Adonai‹* trägt.

* = Die Bezeichnung ›Adonai‹ wird hauptsächlich in jüdischen und christlichen Traditionen verwendet, insbesondere im Zusammenhang mit dem Glauben an den einen Gott. Im Judentum wird ›Adonai‹ als Ersatz für den unaussprechlichen Gottesnamen verwendet, der aus vier hebräischen Buchstaben (JHWH), dem Tetragrammaton (→ Bild), besteht. Die Verwendung von ›Adonai‹ betont den Respekt und die Ehrfurcht gegenüber Gottes Namen.

Im Christentum wird ›Adonai‹ oft in liturgischen Texten, insbesondere in der lateinischen Vulgata-Bibel, verwendet. In einigen christlichen Überlieferungen wird ›Adonai‹ als Ausdruck der göttlichen Herrschaft und Souveränität Gottes betrachtet.

Die Verwendung von ›Adonai‹ kann in verschiedenen christlichen Konfessionen variieren. Nicht alle christlichen Gruppen verwenden diese Bezeichnung regelmäßig. Insgesamt repräsentiert ›Adonai‹ jedoch einen Aspekt der Anbetung und Verehrung des christlichen Gottes im Rahmen bestimmter liturgischer und theologischer Traditionen.

›Brahma‹, als oberste Gottheit des Hinduismus, verfügt über die Aufgabe neues Leben (Lebewesen) zu schaffen. Wenn Gott den Menschen also nach seinem Ebenbild erschuf, erteilte er ihm unter Umständen auch das Attribut der Aufgabe.

Seit Jahrhunderten rätseln die Philosophen, um welche Aufgabe es sich möglicherweise handeln könnte. Johann Wolfgang von Goethe verfasste in seiner Dichtung ›Das Göttliche‹ als erste Zeile:

Edel sei der Mensch, hilfreich und gut.

Diese Worte dingen sich einerseits als Aufgabe an, doch erwecken gleichsam moralpädagogische Erwägungen; überdies ist das Attribut ›gut‹ keine weltweit gültige Konstante.

Zur Zeit Jesu Christi schätzte man die Weltbevölkerung auf etwa 200 bis 300 Millionen Menschen, im Vergleich zu den heutigen über 8 Milliarden. Reisen waren lediglich per Lasttier oder zu Fuß möglich, und jegliche technologischen Entwicklungen, insbesondere elektrische Geräte, traten erst 3500 Jahre später in Erscheinung.

Trotz aller Widrigkeiten und trotz zahlreicher zweifelhafter Überlieferungen hat die Bibel es geschafft, das Bewusstsein nahezu aller Menschen zu erreichen und wird seit langem unter dem Begriff ›Buch der Bücher‹ zu den meistgelesenen Werken gezählt.

Die von den Vereinten Nationen anerkannte Anzahl der Staaten beträgt 193 (Stand: 2023). Diese teilen sich wiederum innerhalb ihrer eigenen Grenzen in dutzende Völker, Stämme und Gruppen auf.

Die stärkste Triebkraft des Menschen ist seine Hoffnung, die sich oft als Glaube manifestiert. Es existieren weltweit mehr als 4300 Arten an Religionen, von denen nicht alle eine Gottheit als spirituelle Kraft preisen, wie es beispielsweise im Buddhismus der Fall ist.

Viele dieser Religionen sind monotheistisch, während andere, wie der Hinduismus, dies nicht ist. Die größte Religionsgemeinschaft, wenn auch nicht die älteste, ist das Christentum, welches seine Lehren den Worten der Bibel entnimmt.

Diese Bibel besteht aus 66 einzelnen Büchern, die von mehr als 40 Autoren über einen Zeitraum von etwa 1500 Jahren verfasst wurden. Erst später wurden diese Bücher zu einem Gesamtwerk zusammengeführt. Die Reihenfolge der Bücher sollte nicht als chronologisch betrachtet werden, insbesondere da sie erst durch das spätere Hinzufügen von Seitenzahlen aufgrund des Drucks in dieser Form erscheint.

Die Geschehnisse, die als Bücher der Bibel bekannt sind, wurden ursprünglich mündlich überliefert und dann schriftlich festgehalten. Allerdings ist anzumerken, dass in der mündlichen Überlieferung im Laufe der Zeit Veränderungen und Verfälschungen auftraten, wenn auch nur in geringem Maße.

Es ist unumstritten, dass die heutzutage erhältlichen Bibeln nicht mehr zwangsläufig den exakten Abläufen der überlieferten Ereignisse entsprechen, die als das ›Wort Gottes‹ betrachtet werden.

Die Bibel – ein Buch von beeindruckender Bedeutung, das die Menschheit über Jahrtausende hinweg fasziniert, herausgefordert und inspiriert hat. ›Die Erfindung der Bibel‹ ist ein Versuch, die komplexe Geschichte dieses einzigartigen Werkes zu entwirren und die verschiedenen Fäden zu verfolgen, die zu seiner Entstehung geführt haben.

Dieses Buch ist das Ergebnis tiefgreifender Recherche, sorgfältiger Analyse und dem Bestreben, ein Verständnis für die evolutionäre Entwicklung der Bibel zu vermitteln. In unserer Reise durch die Zeit werden wir Zeugen der frühen Schreibversuche im antiken Nahen Osten, erkunden die Einflüsse der Propheten auf die Texte und verfolgen die Entstehung der Bibel von den ersten schriftlichen Aufzeichnungen bis zu den endgültigen Kanonisierungen.

Es ist unvermeidlich, dass wir auf dem Weg durch diese Jahrhunderte auf Kontroversen und Fragen stoßen. Die Diskussion über die Apokryphen, die Bedeutung der verschiedenen Übersetzungen, die Auswirkungen der Reformation – all dies sind entscheidende Meilensteine auf dem Weg zur ›Erfindung‹ der Bibel, die wir nicht ignorieren können.

Ein zentraler Fokus dieses Buches liegt auf den Menschen – den Propheten, Theologen, Gelehrten und Gläubigen –, die im Laufe der Geschichte eine entscheidende Rolle bei der Gestaltung der Bibel spielten. Ihre Visionen, Interpretationen und Entscheidungen haben die Texte geprägt und somit die Wege des Glaubens und der Spiritualität gelenkt.

Gleichzeitig werfen wir einen kritischen Blick auf die Bibel – auf ihre Interpretationen, ihre Rolle in der Kultur, ihre Herausforderungen und ihre Relevanz in der heutigen Zeit. Die Bibel ist nicht nur ein historisches Dokument, sondern auch ein lebendiges Werk, das weiterhin die Gedanken und Herzen von Millionen von Menschen beeinflusst.

In diesem Buch werden wir die Vielschichtigkeit der Bibelgeschichte durchleuchten – von den Anfängen bis zur Gegenwart. Wir werden uns mit Fragen auseinandersetzen, Antworten suchen und dabei stets respektvoll und sachlich bleiben. Möge diese Reise durch die ›Erfindung der Bibel‹ dazu beitragen, das Verständnis für dieses Buch zu vertiefen und den Leser zu ermutigen, seine eigene Reise des Entdeckens zu beginnen.

Dieses Buch betrachtet die Bibel. Dieses Buch richtet seinen Blick nicht auf eine ›geistige Macht‹ in der Verkörperung eines Gottes, eines Propheten oder eines geistigen Führers.

Dennoch wird es als erforderlich erachtet eine Definition des Wortes ›Atheismus‹ abzugeben:

Eine Person, die nicht an einen geistigen Führer, Schöpfer, Gott oder ähnliche Konzepte glaubt, wird oft als Atheist bezeichnet. Atheisten lehnen in der Regel die Existenz von übernatürlichen, göttlichen Wesen ab und halten sich an einen weltlichen, nicht-religiösen Weltanschauung. Es ist wichtig zu beachten, dass es verschiedene Grade des Atheismus gibt, von starken Atheisten, die aktiv die Existenz von Göttern ablehnen, bis zu schwächeren Formen, die einfach keine Überzeugung in Bezug auf Götter haben, ohne notwendigerweise ihre Nichtexistenz zu behaupten.

Als unerlässlich ist zu verstehen und zu zu präzisieren, dass Atheismus im Allgemeinen nicht notwendigerweise eine aktive Ablehnung dieser Konzepte bedeutet, sondern eher das Fehlen eines Glaubens an sie. Der Begriff ›Atheismus‹ selbst bezieht sich auf das Fehlen von Theismus, also den Glauben an Götter oder eine höhere Macht. In diesem Sinne zweifeln viele Atheisten an der Existenz von geistigen Führern, Schöpfern oder Göttern, da sie oft darauf basieren, dass es keine ausreichenden Beweise für solche Überzeugungen gibt.

Es gibt jedoch unterschiedliche Ausprägungen von Atheismus. Manche Menschen bezeichnen sich als agnostische Atheisten, da sie möglicherweise nicht sicher sagen können, ob es Götter gibt, aber aufgrund fehlender überzeugender Beweise keinen Glauben daran haben. Andere können sich als stark atheistisch betrachten und aktiv die Existenz von Göttern ablehnen.

Genauso wichtig ist es zu betonen, dass die Einstellungen und Überzeugungen von Atheisten vielfältig sind, und es gibt keinen einheitlichen Atheismus. Manche Menschen können Zweifel haben, während andere bestimmte Konzepte aktiv ablehnen.

Ebenso wichtig erscheint eine solche Definition zum Wort ›Agnostik‹:

Agnostiker sind Personen, die hinsichtlich der Existenz oder Nichtexistenz von höheren Mächten oder göttlichen Entitäten wie beispielsweise Göttern eine Position der Unsicherheit oder der Unkenntnis einnehmen. Der Begriff ›Agnostizismus‹ leitet sich vom Griechischen ab, wobei ›agnostos‹ so viel wie ›nicht bekannt‹ oder ›unkennbar‹ bedeutet.

Anders als Atheisten, die oft keinen Glauben an Götter haben, können Agnostiker argumentieren, dass die Existenz oder Nichtexistenz von Göttern letztendlich nicht sicher festgestellt werden kann oder dass es nicht ausreichende Beweise gibt, um eine klare Position einzunehmen. Agnostizismus bezieht sich also weniger auf den Glauben selbst als auf die Erkenntnis oder die Möglichkeit der Erkenntnis in Bezug auf göttliche Fragen.

Es gibt verschiedene Grade des Agnostizismus. Einige Agnostiker könnten eher unsicher sein, ob sie an Götter glauben sollen, während andere feststellen könnten, dass es grundsätzlich unmöglich ist, solche Fragen definitiv zu beantworten. Es ist eine Position der Zurückhaltung und offenen Haltung gegenüber metaphysischen Überlegungen.

Themenüberblick:

Hintergrund und Motivation des Buches

Die Faszination der Bibel: Eine Einführung

Die Bibel ist zweifellos eines der faszinierendsten und einflussreichsten Bücher der Menschheitsgeschichte. Ihre Wirkung reicht weit über religiöse Grenzen hinaus und beeinflusst bis heute die Weltkultur. Doch was macht die Bibel so einzigartig und zeitlos? In diesem Abschnitt werden wir die unermessliche Bedeutung der Bibel für verschiedene Kulturen und Gesellschaften erkunden und einen Einblick in die vielschichtigen Gründe für ihre fortwährende Relevanz geben.

Die Suche nach Wahrheit und Sinn

Die Bibel ist nicht nur eine Sammlung religiöser Texte, sondern auch ein Spiegelbild der menschlichen Suche nach Wahrheit, Sinn und Orientierung. Seit Jahrtausenden haben Menschen in den Seiten der Bibel Antworten auf existenzielle Fragen gesucht: Wer sind wir? Woher kommen wir? Was ist der Sinn des Lebens? Im Kapitel ›Die Suche nach Wahrheit und Sinn‹ werden wir die tiefsitzenden menschlichen Bedürfnisse erforschen, die zur Entstehung und Bewahrung der biblischen Texte beigetragen haben.

Historische Kontexte und kulturelle Einflüsse

Die Bibel ist eng mit den historischen und kulturellen Kontexten verbunden, in denen sie entstanden ist. Von den antiken Zivilisationen des Nahen Ostens bis hin zur römischen Besatzung Palästinas haben zahlreiche Ereignisse und Entwicklungen die Gestalt und den Inhalt der biblischen Texte geprägt. In diesem Abschnitt werden wir die wichtigsten historischen Ereignisse und kulturellen Einflüsse untersuchen, die zur Entstehung und Entwicklung der Bibel beigetragen haben.

Die Vielfalt der biblischen Literatur

Die Bibel ist keine homogene Sammlung, sondern eine vielfältige Sammlung von Büchern, die unterschiedliche literarische Gattungen, Stile und Perspektiven umfassen. Vom lyrischen Lobpreis der Psalmen bis hin zu den prophetischen Verkündigungen der Propheten bietet die Bibel eine reiche Palette an literarischen Formen und Ausdrucksweisen. In diesem Kapitel werden wir die Vielfalt der biblischen Literatur erkunden und die verschiedenen Genres und Stile analysieren, die in ihr vertreten sind.

Die Herausforderung der Interpretation

Die Bibel ist ein Text von unermesslicher Tiefe und Komplexität, der Raum für eine Vielzahl von Interpretationen und Deutungen lässt. Im Laufe der Geschichte haben sich unzählige Gelehrte, Theologen und Gläubige bemüht, die Bedeutung der biblischen Texte zu entschlüsseln und für die eigene Zeit und Kultur zu erschließen. Doch die Frage nach der ›richtigen‹ Interpretation bleibt oft umstritten und kontrovers. In diesem Abschnitt werden wir uns mit den Herausforderungen und Chancen der Interpretation der Bibel auseinandersetzen und verschiedene Ansätze und Methoden kennenlernen.

Das Versprechen des Dialogs

Dieses Buch möchte nicht nur Wissen vermitteln, sondern auch zum offenen Dialog und Austausch über die Bibel anregen. In einer Zeit, in der religiöse und kulturelle Unterschiede oft zu Spaltungen und Konflikten führen, ist es wichtiger denn je, Brücken des Verständnisses und der Toleranz zu bauen. Die Bibel bietet reichhaltigen Stoff für interkulturellen und interreligiösen Dialog, und dieses Buch möchte dazu ermutigen, die Bibel als gemeinsames Erbe der Menschheit zu entdecken und zu würdigen.

Die Vorgeschichte:

Ursprünge der Schriften im antiken Nahen

Osten – Entwicklung der Keilschrift und

anderer Schreibsysteme

Die Wiege der Zivilisationen
Der antike Nahe Osten

Bevor wir uns mit der Entstehung der Bibel beschäftigen, ist es wichtig, einen Blick auf die kulturellen und historischen Kontexte zu werfen, in denen die biblischen Schriften entstanden sind. Der antike Nahe Osten, oft als Wiege der Zivilisationen bezeichnet, war ein Schmelztiegel verschiedener Kulturen, Sprachen und Religionen. Von den frühen Hochkulturen in Mesopotamien bis hin zu den großen Reichen Ägyptens und des Hethiterreiches bot diese Region den idealen Nährboden für die Entstehung von Schriftsystemen und die Entwicklung von Schriftlichkeit.

Die Entstehung der Keilschrift
Die Zivilisationen Mesopotamiens

Eine der bedeutendsten Schriften der antiken Welt ist zweifellos die Keilschrift, die in den sumerischen Stadtstaaten des dritten Jahrtausends v. Chr. entstanden ist. Diese frühe Form der Schrift, die auf Tontafeln mit einem Stilus aus Schilfrohr eingeritzt wurde, revolutionierte die Kommunikation und ermöglichte eine präzise Dokumentation von Handelsverträgen, Gesetzen, religiösen Texten und literarischen Werken. Im Laufe der Zeit wurde die Keilschrift von anderen Kulturen wie den Akkadern*, Babyloniern und Assyrern übernommen und weiterentwickelt, wodurch sie zu einer der am weitesten verbreiteten Schriften im antiken Nahen Osten wurde.

* = Das Reich von Akkad in Mesopotamien, benannt nach seiner Hauptstadt Akkad, existierte im 24. und 23. Jahrhundert v. Chr. rund 150 Jahre lang und gilt als erster Flächenstaat der Menschheitsgeschichte.

Die Hieroglyphen Ägyptens
Einzigartige Schriftsysteme und ihre Bedeutung

Neben der Keilschrift entwickelten auch andere Kulturen im antiken Nahen Osten ihre eigenen Schriftsysteme. In Ägypten entstand die berühmte Hieroglyphenschrift, eine komplexe Symbolsprache, die auf Hieroglyphen basierte, die sowohl ideographische als auch phonetische Bedeutungen hatten. Diese Schrift wurde vor allem auf Tempelwänden, Grabinschriften und königlichen Monumenten verwendet und war eng mit der ägyptischen Religion und Kultur verbunden. Die Hieroglyphenschrift ist ein faszinierendes Beispiel für die Vielfalt und Kreativität der antiken Schreibkulturen.

Die Entdeckung anderer Schriftsysteme

Von den Hethitern bis zu den Phöniziern

Neben den sumerischen und ägyptischen Schriftsystemen gab es im antiken Nahen Osten eine Vielzahl anderer Schriftsysteme, die von verschiedenen Kulturen verwendet wurden. Die Hethiter entwickelten beispielsweise eine Keilschrift, die auf Tontafeln und Monumenten verwendet wurde und eng mit der akkadischen Keilschrift verwandt war. Die Phönizier wiederum schufen ein Alphabet aus 22 Konsonantenzeichen, das als Vorläufer vieler moderner Alphabete gilt und eine bedeutende Rolle in der Geschichte der Schriftlichkeit spielte.

Die Bedeutung der Schrift für die Entstehung von Kultur und Zivilisation

Die Entwicklung von Schriftsystemen im antiken Nahen Osten hatte weitreichende Auswirkungen auf die Entstehung von Kultur, Zivilisation und menschlicher Entwicklung. Durch die Möglichkeit, Informationen aufzuzeichnen, zu speichern und zu übermitteln, wurden komplexe Gesellschaften, Handelsnetzwerke und Verwaltungssysteme ermöglicht. Die Schrift war nicht nur ein praktisches Werkzeug, sondern auch ein Ausdruck menschlicher Kreativität, Intelligenz und kultureller Identität. In diesem Abschnitt werden wir die Bedeutung der Schrift für die Entstehung und Entwicklung der antiken Zivilisationen genauer betrachten und ihre Rolle als Grundlage für die Entstehung der biblischen Schriften würdigen.

Die Frühformen der Bibel:
Entstehung der ältesten Texte

Die Torah
Ursprünge und Bedeutung

ie Torah, auch bekannt als die ersten fünf Bücher der hebräischen Bibel, bildet den Kern des jüdischen religiösen Kanons und ist ein zentraler Bestandteil der christlichen Bibel. Doch wie entstanden diese fundamentalen Texte? Die Entstehung der Torah ist von großer Bedeutung für das Verständnis der biblischen Geschichte und ihrer Entwicklung. Die Torah umfasst die Bücher Genesis, Exodus, Levitikus, Numeri und Deuteronomium und enthält die grundlegenden religiösen Überzeugungen und Gesetze des Judentums. Ihre Ursprünge reichen zurück in die frühe Geschichte des Volkes Israel, wo mündliche Überlieferungen und Traditionen eine zentrale Rolle spielten.

Mündliche Überlieferung
Die Kunst des Erzählens

Bevor die Torah schriftlich festgehalten wurde, wurde sie über Generationen hinweg mündlich überliefert. In einer Gesellschaft, in der das Schreiben und Lesen nicht weit verbreitet waren, spielte die mündliche Überlieferung eine entscheidende Rolle bei der Bewahrung und Weitergabe von Wissen und Traditionen. Geschichtenerzähler, Priester und Lehrer trugen dazu bei, die Erinnerung an die Ereignisse der Vergangenheit lebendig zu halten und die religiösen Lehren und Gebote an die nächste Generation weiterzugeben. Diese mündliche Tradition prägte nicht nur die Entstehung der Torah, sondern auch das Verständnis der biblischen Texte als lebendige und dynamische Tradition.

Die Entwicklung erster schriftlicher Aufzeichnungen
Von der oralen zur schriftlichen Tradition

Mit der Zeit begannen die Menschen, ihre religiösen Überzeugungen und Geschichten schriftlich festzuhalten. Die ersten schriftlichen Aufzeichnungen der Torah entstanden vermutlich im Verlauf des ersten Jahrtausends v. Chr., als das Alphabet im antiken Nahen Osten allmählich entwickelt wurde und die Schreibkunst zunehmend verbreitet war. Die frühesten erhaltenen Texte stammen aus der Zeit des babylonischen Exils im 6. Jahrhundert v. Chr., als das Volk Israel gezwungen war, sich intensiver mit seiner eigenen Geschichte und Identität auseinanderzusetzen. Diese ersten schriftlichen Aufzeichnungen markieren einen wichtigen Schritt in der Entwicklung der Torah und legen den Grundstein für ihre spätere kanonische Form.

Die Bedeutung der frühen Texte für das Verständnis der Bibel

Die Entstehung der ältesten Texte der Bibel, darunter die Torah, ist von entscheidender Bedeutung für das Verständnis ihrer historischen und theologischen Bedeutung. Diese Texte zeugen von den Wurzeln des Judentums und des Christentums und bieten Einblicke in die Glaubensüberzeugungen, Traditionen und Lebensweisen der Menschen im antiken Nahen Osten. Durch die Erforschung der mündlichen Überlieferung und der ersten schriftlichen Aufzeichnungen können wir einen Einblick in die Entstehung und Entwicklung der Bibel als heilige Schrift erhalten und ihre Bedeutung für die menschliche Geschichte und Kultur besser verstehen.

Die Rolle der Propheten:
Einfluss von Propheten auf die biblischen
Schriften

Die Bedeutung der Propheten im biblischen Kontext

P ropheten spielten eine zentrale Rolle in der Entwicklung der biblischen Schriften und prägten maßgeblich das religiöse und soziale Leben im antiken Israel. Sie wurden als Vermittler zwischen Gott und den Menschen betrachtet und hatten die Aufgabe, göttliche Botschaften zu verkünden, die oft moralische und spirituelle Lehren enthielten. Die Propheten traten in Zeiten der Krise und des Umbruchs auf und riefen das Volk Israel dazu auf, zu Gott zurückzukehren, seine Gebote zu befolgen und sozial gerecht zu handeln. Ihre Worte und Taten sind in den Büchern der Propheten des Alten Testaments festgehalten und haben einen tiefgreifenden Einfluss auf das Verständnis der biblischen Texte.

Deutungen und Visionen
Die prophetische Erfahrung

Die prophetische Erfahrung war geprägt von intensiven religiösen Erlebnissen, die oft in Form von Visionen, Träumen und ekstatischen Zuständen stattfanden. Die Propheten berichteten von direkten Begegnungen mit Gott oder Engeln, die ihnen göttliche Botschaften übermittelten und sie zur Verkündigung des göttlichen Willens befähigten. Diese Erfahrungen waren für die Propheten oft zutiefst persönlich und existenziell und prägten ihre Überzeugungen und ihre Botschaften.

Die prophetische Botschaft
Ruf zur Umkehr und Hoffnung auf Erlösung

Die prophetische Botschaft war geprägt von zwei zentralen Themen: dem Ruf zur Umkehr und der Hoffnung auf Erlösung. Die Propheten forderten das Volk Israel immer wieder auf, von seinem sündigen Weg abzukehren, Gott zu gehorchen und sozial gerecht zu handeln. Gleichzeitig verkündeten sie die Hoffnung auf eine Zukunft, in der Gott sein Volk erlösen und eine neue Ära des Friedens und der Gerechtigkeit einleiten würde. Diese Botschaften der Hoffnung und Erneuerung sind ein wesentlicher Bestandteil der biblischen Überlieferung und prägen das Verständnis von Gottes Heilsplan für die Menschheit.

Die literarische Gestalt der Prophetenbücher
Sammlung und Bearbeitung

Die prophetischen Botschaften wurden später von Schreibern und Redaktoren gesammelt, bearbeitet und in Form von Büchern festgehalten. Die Prophetenbücher des Alten Testaments enthalten eine Vielzahl von Prophezeiungen, Reden und Erzählungen, die das Leben und Wirken der Propheten dokumentieren. Diese Bücher wurden über einen längeren Zeitraum hinweg zusammengestellt und spiegeln verschiedene historische und theologische Perspektiven wider. Sie bieten einen Einblick in die Vielfalt und Komplexität der prophetischen Tradition im antiken Israel und prägen das Verständnis der biblischen Schriften bis heute.

Die prophetische Tradition im Kontext der Bibel

Die prophetische Tradition hat einen tiefgreifenden Einfluss auf das Verständnis der Bibel als heilige Schrift und prägt das religiöse Leben und Denken vieler Menschen bis heute. Die prophetischen Botschaften rufen dazu auf, sich den ethischen und moralischen Forderungen Gottes zu stellen, und bieten zugleich Hoffnung auf eine Zukunft, in der Gottes Reich vollendet wird. Indem sie die prophetische Tradition im Kontext der Bibel betrachten, können Gläubige und Forscher ein tieferes Verständnis für die religiösen Überzeugungen und Werte des antiken Israel gewinnen und ihre Bedeutung für die heutige Zeit reflektieren.

Die Sammlung und Konsolidierung: Prozess der Sammlung und Zusammenstellung der Bücher

Die Herausforderung der Sammlung
Vielfalt der Überlieferungen und Texte

Die Sammlung und Zusammenstellung der Bücher der Bibel war ein komplexer und langwieriger Prozess, der über Jahrhunderte hinweg stattfand. Zu Beginn gab es eine Vielzahl von religiösen Überlieferungen, Schriften und Texten, die von verschiedenen Autoren und Gemeinschaften verfasst wurden. Diese Texte reflektierten unterschiedliche theologische, historische und kulturelle Perspektiven und spiegelten die Vielfalt der jüdischen und frühchristlichen Traditionen wider. Die Herausforderung bestand darin, aus dieser Fülle von Materialien eine Auswahl zu treffen und eine kanonische Sammlung von heiligen Schriften zu erstellen.

Auswahlkriterien und Entscheidungen
Kriterien für die Aufnahme in den Kanon

Bei der Auswahl der Bücher für den biblischen Kanon spielten verschiedene Kriterien eine Rolle. Dazu gehörten unter anderem die apostolische Autorität, die theologische Kohärenz, die Überlieferung in der Gemeinde und die spirituelle Inspiriertheit der Texte. Bücher, die diese Kriterien erfüllten und von der Mehrheit der Gemeinden als inspiriert und autoritativ anerkannt wurden, wurden schließlich in den Kanon aufgenommen, während andere Texte ausgeschlossen blieben. Diese Entscheidungen wurden jedoch nicht über Nacht getroffen, sondern waren das Ergebnis eines langen und oft kontroversen Diskussionsprozesses innerhalb der frühchristlichen Gemeinden.

Entwicklung des Kanons
Von der mündlichen Tradition zur schriftlichen Fixierung

Die Entwicklung des biblischen Kanons war ein dynamischer Prozess, der sich über mehrere Jahrhunderte erstreckte. In den ersten Jahrhunderten nach Christus existierte noch keine feste Liste von kanonischen Schriften, sondern es gab eine Vielzahl von Texten, die von verschiedenen Gemeinden als heilig und inspiriert angesehen wurden. Mit der Zeit begannen jedoch bestimmte Bücher und Sammlungen von Schriften eine herausragende Stellung einzunehmen und wurden als maßgeblich für den Glauben und die Praxis der Kirche anerkannt. Diese Entwicklung führte schließlich zur Fixierung des kanonischen Textkorpus, der sich im Wesentlichen bis heute erhalten hat.

Kontroverse und Diskussion
Auseinandersetzungen um den Kanon

Die Festlegung des biblischen Kanons war nicht frei von Kontroversen und Diskussionen. Insbesondere in den ersten

Jahrhunderten nach Christus gab es zahlreiche Streitigkeiten und Meinungsverschiedenheiten über die Aufnahme bestimmter Bücher in den Kanon. Einige Bücher, wie etwa die Offenbarung des Johannes oder der Brief des Hebräer, wurden von manchen Gemeinden zunächst angezweifelt oder abgelehnt, bevor sie schließlich in den Kanon aufgenommen wurden. Diese Kontroversen spiegeln die Vielfalt und Komplexität der frühchristlichen Gemeinden wider und zeigen, dass die Frage nach dem kanonischen Status der Schriften kein einfaches oder eindeutiges Thema war.

Bedeutung der Kanonisierung für das Verständnis der Bibel

Die Kanonisierung der biblischen Schriften hatte weitreichende Auswirkungen auf das Verständnis und die Interpretation der Bibel. Indem bestimmte Texte als kanonisch und inspiriert anerkannt wurden, erlangten sie eine besondere Autorität und Geltung für den Glauben und die Praxis der Kirche. Die kanonischen Schriften wurden zum Maßstab für die Lehre, die Ethik und die Spiritualität der christlichen Gemeinde und prägten das Verständnis der biblischen Botschaft bis heute. Die Geschichte der Sammlung und Konsolidierung der Bibel ist daher von entscheidender Bedeutung für das Verständnis ihrer Entstehung und Entwicklung als heilige Schrift der Christenheit.

Die Septuaginta und die Entstehung des Alten Testaments: Übersetzung und Verbreitung der hebräischen Texte ins Griechische

Die Bedeutung der Septuaginta
Eine historische Übersetzung

Die Septuaginta ist eine der ältesten und bedeutendsten Übersetzungen des Alten Testaments aus dem Hebräischen ins Griechische. Ihr Name leitet sich von der Legende ab, nach der sie von 70 oder 72 jüdischen Gelehrten in Alexandria im 3. Jahrhundert v. Chr. innerhalb von 72 Tagen übersetzt wurde. Unabhängig von der historischen Genauigkeit dieser Legende hat die Septuaginta einen tiefgreifenden Einfluss auf die Verbreitung und Interpretation des Alten Testaments gehabt und wurde zur Grundlage vieler frühchristlicher Bibeltexte.

Hintergrund der Übersetzung
Die griechischsprachige Welt

Die Entstehung der Septuaginta war eng mit der Ausbreitung des Hellenismus und der griechischen Kultur im östlichen Mittelmeerraum verbunden. Als Alexander der Große im 4. Jahrhundert v. Chr. ein riesiges Reich eroberte, wurde die griechische Sprache zur ›lingua franca‹ der Region und war weit verbreitet. Viele Juden, die außerhalb des Landes Israel lebten, sprachen Griechisch als ihre Muttersprache oder verstanden es zumindest. Um diesen Juden den Zugang zu den heiligen Schriften zu erleichtern, wurde die Septuaginta als Übersetzung des Alten Testaments ins Griechische geschaffen.

Die Bedeutung der Septuaginta für das Judentum

Einfluss auf die religiöse Praxis

Die Septuaginta hatte nicht nur eine immense Bedeutung für die griechischsprachigen Juden, sondern auch für das Judentum insgesamt. Sie ermöglichte es Juden in der Diaspora, die heiligen Schriften in ihrer Muttersprache zu lesen und zu verstehen, und förderte so die Bewahrung der jüdischen Identität und Religion. Die Septuaginta wurde in vielen Synagogen außerhalb des Landes Israel verwendet und hatte einen erheblichen Einfluss auf die liturgische Praxis und religiöse Bildung der Gemeinden.

Die Bedeutung der Septuaginta für das frühe Christentum

Verwendung im Neuen Testament

Die Septuaginta hatte auch eine bedeutende Auswirkung auf das frühe Christentum. Viele der Autoren des Neuen Testaments, darunter Apostel und Evangelisten wie Paulus und Lukas, zitierten oder verwendeten die Septuaginta in ihren Schriften. Für die frühen Christen war die Septuaginta eine wichtige Quelle für ihre theologische Überzeugungen und Lehren, insbesondere in Bezug auf die Verheißungen und Prophezeiungen des Alten Testaments, die sie auf Jesus Christus anwendeten.

Die Septuaginta als Brücke zwischen Judentum und Christentum

Insgesamt kann die Septuaginta als eine Brücke zwischen Judentum und Christentum betrachtet werden. Sie hat beide Religionen maßgeblich beeinflusst und spielt bis heute eine wichtige Rolle in der jüdischen und christlichen Tradition. Ihre Entstehung und Verbreitung markieren einen entscheidenden Moment in der Geschichte der biblischen Überlieferung und tragen dazu bei, das Verständnis und die Interpretation des Alten Testaments in verschiedenen religiösen und kulturellen Kontexten zu bereichern.

Die Apokryphen:
Einbeziehung oder Ausschluss
nicht-kanonischer Texte

Die Vielfalt der biblischen Schriften
Ein Blick auf die Apokryphen

Die Apokryphen sind eine Sammlung von Texten, die im Zusammenhang mit dem Alten und Neuen Testament stehen, aber nicht in den kanonischen Schriften enthalten sind. Diese Schriften sind oft von historischem, theologischem und literarischem Interesse, wurden jedoch nicht von allen christlichen Gemeinden als inspiriert und autoritativ anerkannt. Die Frage nach der Einbeziehung oder dem Ausschluss der Apokryphen aus dem kanonischen Textkorpus war und ist Gegenstand kontroverser Diskussionen und Debatten.

Die Ursprünge der Apokryphen
Entstehung und Überlieferung

Die Apokryphen umfassen eine Vielzahl von Texten, darunter religiöse Schriften, Legenden, Weisheitstexte und apokalyptische Offenbarungen. Viele dieser Texte stammen aus der Zeit zwischen dem 3. Jahrhundert v. Chr. und dem 1. Jahrhundert n. Chr. und wurden von verschiedenen jüdischen und frühchristlichen Autoren verfasst. Einige Apokryphen wurden in den hebräischen Bibeltexten gefunden, während andere in griechischer oder aramäischer Sprache verfasst wurden. Ihre Überlieferung und Verbreitung war vielfältig und reichte von Handschriften in Synagogen und Kirchen bis hin zu fragmentarischen Funden in archäologischen Stätten.

Kontroversen um bestimmte Schriften
Uneinigkeit über den kanonischen Status

Eine der Hauptursachen für die Kontroversen um die Apokryphen liegt in der Uneinigkeit über ihren kanonischen Status. Während einige frühchristliche Gemeinden bestimmte Apokryphen als inspiriert und autoritativ ansahen, lehnten andere sie ab oder betrachteten sie zumindest als weniger wichtig als die kanonischen Schriften. Die Gründe für diese Uneinigkeit waren vielfältig und reichten von theologischen Unterschieden über unterschiedliche Traditionen und Praktiken bis hin zu politischen und kulturellen Einflüssen.

Einbeziehung der Apokryphen in verschiedene Kanons
Unterschiede zwischen den Konfessionen

Die Haltung zu den Apokryphen variiert je nach konfessioneller Zugehörigkeit und Tradition. Während die katholische Kirche die Apokryphen als einen integralen Bestandteil der biblischen Überlieferung betrachtet und sie in ihren offiziellen Bibeln aufnimmt, lehnt die protestantische Tradition die Apokryphen in der Regel als nicht-kanonisch ab und betrachtet sie höchstens als nützliche historische oder theologische Quellen. Die orthodoxen Kirchen haben ebenfalls unterschiedliche Positionen zu den Apokryphen, wobei einige sie als kanonisch betrachten und andere nicht.

Die Bedeutung der Apokryphen für das Verständnis der Bibel
Historische, theologische und literarische Einsichten

Unabhängig von ihrem kanonischen Status bieten die Apokryphen wichtige historische, theologische und literarische Einsichten in die religiösen und kulturellen Kontexte, in denen sie entstanden sind. Sie beleuchten oft weniger bekannte Aspekte des antiken Judentums und Christentums und tragen dazu bei, das Verständnis der biblischen Texte zu vertiefen. Obwohl sie nicht von allen Gemeinden als inspiriert oder autoritativ anerkannt werden, sind die Apokryphen ein wichtiger Bestandteil der reichen und vielfältigen Tradition der biblischen Überlieferung und verdienen es, studiert und gewürdigt zu werden.

Die Entstehung des Neuen Testaments:
Die Evangelien und ihre Autoren
Die Apostelgeschichte und die Briefe

Die Evangelien
Zentrale Texte des Neuen Testaments

Die Evangelien bilden den Kern des Neuen Testaments und erzählen die Lebensgeschichte, Lehren, Taten und die Auferstehung Jesu Christi. Sie sind in vier Büchern überliefert, nämlich Matthäus, Markus, Lukas und Johannes, und bieten verschiedene Perspektiven auf das Leben und Wirken Jesu. Jedes Evangelium wurde von einem anderen Autor verfasst und richtet sich an unterschiedliche Zielgruppen.

Die Evangelisten und ihre Autorenschaft
Einblicke in die Verfasser

Die Autoren der Evangelien waren in der Regel enge Gefährten Jesu oder Personen, die mit seinen Jüngern in Verbindung standen. Matthäus und Johannes gehörten zu den zwölf Aposteln Jesu, während Markus und Lukas wahrscheinlich Mitarbeiter der Apostel waren und ihre Evangelien auf mündlichen und schriftlichen Quellen basieren ließen. Ihre individuellen Perspektiven und theologischen Schwerpunkte prägen die verschiedenen Evangelien und tragen zur Vielfalt der biblischen Überlieferung bei.

Die Apostelgeschichte

Das Wirken der Apostel und die Ausbreitung des Christentums

Die Apostelgeschichte, verfasst von Lukas, erzählt die Geschichte der frühen Kirche von der Auferstehung Jesu bis zu den Missionsreisen des Apostels Paulus. Sie beschreibt das Wirken der Apostel, die Gründung der ersten Gemeinden und die Verbreitung des Evangeliums in der antiken Welt. Die Apostelgeschichte bietet wichtige historische Einblicke in die Anfänge des Christentums und zeigt, wie sich die Botschaft Jesu von Jerusalem aus in alle Welt verbreitete.

Die Briefe

Lehre und Gemeindeleitung in der frühen Kirche

Die Briefe des Neuen Testaments, auch als Episteln bekannt, sind eine Sammlung von Schreiben an verschiedene christliche Gemeinden und Einzelpersonen. Sie wurden von Aposteln wie Paulus, Petrus, Jakobus, Johannes und anderen verfasst und bieten Lehre, Ermahnung, Ermutigung und praktische Anleitungen für das Leben im Glauben. Diese Briefe reflektieren die theologischen und ethischen Herausforderungen, mit denen die frühen Christen konfrontiert waren, und bieten Einsichten in die organisatorischen und pastoralen Aspekte des christlichen Gemeindelebens.

Die Bedeutung der Evangelien, der Apostelgeschichte und der Briefe für das Verständnis des Neuen Testaments

Die Evangelien, die Apostelgeschichte und die Briefe des Neuen Testaments sind von entscheidender Bedeutung für das Verständnis der christlichen Lehre, Geschichte und Praxis. Sie bieten nicht nur Einblicke in das Leben und Wirken Jesu und die Anfänge des Christentums, sondern auch Anleitungen für ein Leben im Glauben und in der Gemeinschaft. Ihre Vielfalt an Perspektiven, Themen und Stilen trägt zur Reichhaltigkeit der biblischen Überlieferung bei und macht sie zu einem unverzichtbaren Bestandteil des christlichen Glaubens und Lebens.

Die Konzile und die Kanonisierung:
Rolle der frühchristlichen Konzile bei der
Festlegung des Kanons
Entstehung des Bibelkanons

Die Bedeutung der frühchristlichen Konzile
Zusammenkünfte zur Klärung von Glaubensfragen

Die frühchristlichen Konzile waren Versammlungen von Kirchenführern und Gelehrten, die sich zusammenschlossen, um theologische, liturgische und disziplinäre Fragen zu klären. Diese Konzile spielten eine entscheidende Rolle bei der Festlegung des christlichen Glaubens und der Organisation der Kirche. Während die frühen Konzile oft Fragen der Trinität, Christologie und Sakramentenordnung behandelten, wurden im Laufe der Zeit auch Fragen der kanonischen Autorität und Autorisierung der Heiligen Schriften diskutiert.

Die Diskussion über den kanonischen Status der Schriften
Anerkennung und Festlegung des Bibelkanons

Die Frage nach dem kanonischen Status der Schriften war ein wichtiger Punkt auf der Tagesordnung vieler frühchristlicher

Konzile. In den ersten Jahrhunderten nach Christus gab es keine einheitliche Liste von kanonischen Texten, und verschiedene Gemeinden hatten unterschiedliche Vorstellungen darüber, welche Schriften als inspiriert und autoritativ angesehen werden sollten. Die Konzile spielten eine entscheidende Rolle dabei, diese Fragen zu klären und den Umfang des Bibelkanons festzulegen.

Die Rolle der Konzile bei der Kanonisierung
Diskussion, Debatte und Entscheidung

Die frühchristlichen Konzile diskutierten intensiv über die Frage, welche Schriften in den kanonischen Textkorpus aufgenommen werden sollten und welche nicht. Dabei wurden verschiedene Kriterien herangezogen, darunter die apostolische Herkunft der Schriften, ihre theologische Kohärenz, ihre Verwendung in den liturgischen Praktiken der Kirche und ihre Übereinstimmung mit dem apostolischen Glauben. Nach intensiver Debatte und Diskussion wurden schließlich auf den Konzilen bestimmte Schriften als kanonisch anerkannt und andere ausgeschlossen.

Die Festlegung des Bibelkanons
Ergebnisse der Konzile und ihre Bedeutung

Die Ergebnisse der frühchristlichen Konzile trugen maßgeblich zur Festlegung des Bibelkanons bei und prägten das Verständnis der Heiligen Schriften bis heute. Die kanonischen Entscheidungen, die auf den Konzilen getroffen wurden, sind in verschiedenen kanonischen Dekreten, Glaubensbekenntnissen und Synodenakten festgehalten und bilden die Grundlage für die Überlieferung und Interpretation der Bibel in der christlichen Tradition. Die Konzile spielten somit eine entscheidende Rolle bei der Entstehung und Konsolidierung des Bibelkanons und trugen dazu bei, die Grundlagen des christlichen Glaubens und Lebens zu festigen.

Die Bedeutung der Vulgata:
Die lateinische Übersetzung und ihre Verbreitung – Einfluss auf die mittelalterliche Theologie

Die Vulgata, eine lateinische Übersetzung der Bibel, ist eines der bedeutendsten Werke in der Geschichte der Bibelübersetzung und hat einen tiefgreifenden Einfluss auf die mittelalterliche Theologie sowie die Entwicklung der lateinischen Kirche gehabt.

Entstehung und Autorität der Vulgata
Eine Übersetzung für die römische Kirche

Die Vulgata wurde im 4. Jahrhundert n. Chr. von Hieronymus, einem Gelehrten und Mönch, erstellt. Sie basierte auf älteren griechischen und hebräischen Texten sowie auf älteren lateinischen Übersetzungen. Hieronymus' Ziel war es, eine einheitliche und akkurate lateinische Übersetzung der Bibel zu schaffen, die von der römischen Kirche verwendet werden konnte. Die Vulgata erlangte schnell Autorität und wurde zur bevorzugten Bibelübersetzung im lateinischen Westen.

Verbreitung und Nutzung der Vulgata

Ein Standardtext im Mittelalter

Die Vulgata wurde im Mittelalter weit verbreitet und war der Standardtext der Bibel für die lateinische Kirche. Sie wurde in Klöstern, Kathedralen und Schulen kopiert, studiert und verwendet. Die Vulgata beeinflusste nicht nur die theologische Ausbildung und Lehre, sondern prägte auch die Liturgie, Kunst und Kultur des mittelalterlichen Europa.

Einfluss auf die mittelalterliche Theologie

Interpretation und Lehre

Die Vulgata hatte einen enormen Einfluss auf die mittelalterliche Theologie und prägte die Interpretation der Bibel sowie die theologische Lehre. Sie diente als Grundlage für die Scholastik und die Entwicklung der systematischen Theologie im Mittelalter. Die Vulgata beeinflusste auch die Vorstellungen von Autorität und Tradition in der Kirche und trug dazu bei, die theologischen Diskussionen und Debatten der Zeit zu formen.

Kritik und Reform

Herausforderungen an die Autorität der Vulgata

Trotz ihrer weit verbreiteten Nutzung war die Vulgata nicht immun gegen Kritik. Im Laufe der Zeit entstanden verschiedene Revisionen und Kritiken an der Vulgata, die auf neueren Textfunden und besseren Kenntnissen der hebräischen und griechischen Sprache basierten. Diese Kritik trug dazu bei, die

Autorität der Vulgata in Frage zu stellen und führte schließlich zur Reformation und zu neuen Übersetzungen der Bibel.

Die bleibende Bedeutung der Vulgata
Ein Erbe für die moderne Bibel

Obwohl die Vulgata heute nicht mehr als die maßgebliche Bibelübersetzung angesehen wird, hat sie dennoch einen dauerhaften Einfluss auf die moderne Bibelübersetzung und Interpretation. Ihre sprachliche Präzision, literarische Qualität und theologische Tiefe machen sie zu einem wichtigen Teil des christlichen Erbes und zu einer Quelle der Inspiration für Gläubige und Gelehrte auf der ganzen Welt. Die Bedeutung der Vulgata als ein bedeutendes Werk der Bibelübersetzung und als ein Schlüssel zur theologischen Entwicklung im Mittelalter kann nicht übersehen werden.

Die Reformation und die
Bibelübersetzungen

Martin Luther und die Übersetzung der Bibel ins Deutsche

Die Reformation des 16. Jahrhunderts markierte eine entscheidende Phase in der Geschichte des Christentums, besonders hervorstechend durch die Arbeit von Martin Luther. Eine seiner bedeutendsten Leistungen war die Übersetzung der Bibel ins Deutsche, die nicht nur die religiöse Landschaft Europas prägte, sondern auch tiefgreifende Auswirkungen auf Sprache, Kultur und Bildung hatte.

Die Notwendigkeit einer deutschen Bibelübersetzung

Als Luther begann, die Bibel ins Deutsche zu übersetzen, war Latein die vorherrschende Sprache der Kirche und ihrer Schriften. Dies stellte ein Hindernis für viele Gläubige dar, die nicht Latein lesen konnten oder Zugang zu den lateinischen Texten hatten. Luther erkannte die Notwendigkeit, die Heilige Schrift in die Muttersprache der Menschen zu übersetzen, damit sie direkt darauf zugreifen und sie verstehen konnten.

Luthers Übersetzungsarbeit und ihre Herausforderungen

Luthers Übersetzungsarbeit war eine monumentale Aufgabe, die eine gründliche Kenntnis der biblischen Sprachen erforderte. Er studierte intensiv Griechisch und Hebräisch, um die Originaltexte zu verstehen und sie angemessen ins Deutsche zu übertragen. Dabei stieß er auf zahlreiche sprachliche und kulturelle Herausforderungen, die es zu überwinden galt.

Die Bedeutung von Luthers Bibelübersetzung

Luthers Bibelübersetzung hatte weitreichende Auswirkungen auf die deutsche Sprache und Kultur. Sie trug maßgeblich zur Standardisierung des Deutschen bei und prägte zahlreiche Redewendungen und Ausdrücke, die bis heute im deutschen Sprachgebrauch verankert sind. Darüber hinaus ermöglichte sie einem breiten Publikum den direkten Zugang zur Bibel und förderte so die individuelle Bibellektüre und theologische Reflexion.

Andere Übersetzungen und ihre Auswirkungen

Neben Luthers Übersetzung entstanden im Zuge der Reformation auch andere Bibelübersetzungen in verschiedenen europäischen Sprachen. Diese Übersetzungen trugen dazu bei, die Vielfalt der christlichen Lehre zu verbreiten und förderten die Entwicklung nationaler Identitäten. Sie waren oft eng mit politischen und kulturellen Bewegungen verbunden und trugen zur Verbreitung der reformatorischen Ideen bei.

Die bleibende Bedeutung der Bibelübersetzungen

Die Reformation und die damit verbundenen Bibelübersetzungen hinterließen ein bleibendes Erbe, das weit über das religiöse Leben hinausreicht. Sie trugen zur Förderung der Alphabetisierung und Bildung bei und legten den Grundstein für die Entwicklung moderner Nationalstaaten. Darüber hinaus prägten sie das kulturelle Gedächtnis Europas und trugen zur Entstehung einer vielfältigen literarischen Tradition bei, die bis heute nachwirkt.

Die Bibel im Zeitalter der Aufklärung

Das Zeitalter der Aufklärung im 17. und 18. Jahrhundert brachte eine radikale Veränderung im Denken und in der Herangehensweise an Wissen mit sich. Diese Umwälzung hatte auch tiefgreifende Auswirkungen auf die Interpretation und Rezeption der Bibel, wodurch traditionelle Glaubensvorstellungen herausgefordert wurden.

Kritische Herangehensweisen an die Bibel

Während der Aufklärung erlebte die Bibel eine verstärkte kritische Prüfung durch Gelehrte, Philosophen und Intellektuelle. Die Bibel wurde nicht mehr ausschließlich als göttliche Offenbarung angesehen, sondern vermehrt als historisches Dokument, das auf seine Glaubwürdigkeit und Authentizität hin untersucht wurde. Kritische Geister begannen, die biblischen Texte rational zu analysieren und zu hinterfragen, was zu neuen Einsichten und Interpretationen führte.

Historisch-kritische Methode

Eine der bedeutendsten Entwicklungen in der Bibelkritik während der Aufklärung war die Einführung der historisch-kritischen Methode. Diese Methode befasste sich mit der historischen Kontextualisierung der biblischen Texte und versuchte, sie im Licht zeitgenössischer historischer, kultureller und literarischer Erkenntnisse zu verstehen. Indem sie die Bibel als menschliches Produkt betrachtete, das im Laufe der Zeit entstand und verändert wurde, forderte die historisch-kritische Methode traditionelle Glaubensvorstellungen heraus und öffnete den Weg für neue Interpretationen.

Neue Interpretationen und Herausforderungen für traditionelle Glaubensvorstellungen

Die Aufklärung brachte eine Vielzahl neuer Interpretationen der Bibel hervor, die oft im Widerspruch zu traditionellen religiösen Lehren standen. Rationalistische Denker wie Spinoza und Voltaire lehnten übernatürliche Elemente der Bibel ab und betonten stattdessen die moralischen und philosophischen Lehren. Andere, wie Lessing und Herder, betonten die kulturelle und historische Bedeutung der biblischen Texte für das Verständnis der menschlichen Geschichte und Identität.

Religionskritik und Säkularisierung

Die Aufklärung brachte auch eine verstärkte Religionskritik und Säkularisierung mit sich, die die Autorität der Kirche und traditioneller Glaubensvorstellungen in Frage stellten. Dies führte zu einem Rückgang der religiösen Bindung vieler Menschen und einer zunehmenden Akzeptanz von rationalen und wissenschaftlichen Erklärungen für die Welt und das menschliche Leben.

Die bleibende Bedeutung der Aufklärung für die Bibelinterpretation

Die Aufklärung hinterließ ein dauerhaftes Erbe in der Bibelkritik und Interpretation, das bis heute nachwirkt. Die historisch-kritische Methode und die Betonung der Vernunft und des wissenschaftlichen Denkens prägen weiterhin das moderne Verständnis der Bibel. Gleichzeitig stellen die Herausforderungen, die die Aufklärung für traditionelle Glaubensvorstellungen darstellte, weiterhin wichtige Fragen über den Platz der Religion in der modernen Welt und die Beziehung zwischen Glauben und Vernunft.

Die Bibel in der Moderne

Die Bibel hat sich im Laufe der Geschichte kontinuierlich weiterentwickelt und angepasst, und die Moderne bildet dabei keine Ausnahme. In diesem Kapitel werden wir uns mit der historisch-kritischen Methode und ihren Auswirkungen auf die Bibelforschung in der Moderne befassen, sowie die neuen Forschungsrichtungen und Debatten, die daraus entstanden sind.

Die historisch-kritische Methode

Die historisch-kritische Methode ist eine Herangehensweise an die Bibelstudien, die im 18. und 19. Jahrhundert während der Aufklärung und der modernen historischen Wissenschaften entstanden ist. Sie beinhaltet die kritische Untersuchung der biblischen Texte unter Berücksichtigung ihres historischen Kontextes, ihrer literarischen Formen und ihrer Entstehungsgeschichte. Diese Methode zielt darauf ab, die Bibel als menschliches Dokument zu verstehen, das im Laufe der Zeit entstanden ist, und sucht nach historischen Fakten und Zusammenhängen, um die Bedeutung der Texte besser zu verstehen.

Auswirkungen der historisch-kritischen Methode

Die historisch-kritische Methode hatte tiefgreifende Auswirkungen auf die Bibelforschung und das Verständnis der Bibel in der Moderne. Indem sie die Bibel als historisches und literarisches Werk betrachtete, das von menschlichen Autoren verfasst wurde, stellte sie traditionelle Glaubensvorstellungen und theologische Lehren in Frage. Dies führte zu einer Vielzahl neuer Interpretationen und Debatten über die Autorität der Bibel, die Inspiration der Schrift und die Natur der religiösen Wahrheit.

Neue Forschungsrichtungen

Die historisch-kritische Methode führte zur Entstehung zahlreicher neuer Forschungsrichtungen in der Bibelwissenschaft. Dazu gehören die Textkritik, die sich mit der Rekonstruktion und Bewertung der biblischen Texte befasst, sowie die Quellenkritik, die versucht, die Quellen und Entstehungsgeschichte der biblischen Texte zu ermitteln. Weitere Forschungsrichtungen umfassen die Formkritik, die sich mit den literarischen Formen und Gattungen der biblischen Texte befasst, und die Redaktionskritik, die die Bearbeitung und Zusammenstellung der Texte untersucht.

Debatten und Kontroversen

Die historisch-kritische Methode hat auch zu einer Vielzahl von Debatten und Kontroversen geführt, insbesondere im Hinblick auf Fragen der Bibelautorität, der Inspiration und der theologischen Interpretation. Einige Theologen und Gläubige sehen die historisch-kritische Methode als eine Bedrohung für den Glauben und die religiöse Tradition, während andere sie als eine Möglichkeit zur Vertiefung des Verständnisses der Bibel und ihres Kontextes betrachten. Diese Debatten prägen weiterhin das zeitgenössische biblische Denken und die theologische Diskussion.

Die Bibel in der modernen Welt

In der modernen Welt bleibt die Bibel ein zentraler Text für Millionen von Menschen weltweit, unabhängig von ihrem Glauben oder ihrer Weltanschauung. Die historisch-kritische Methode hat dazu beigetragen, unser Verständnis der Bibel und ihrer Bedeutung für die menschliche Geschichte und Kultur zu vertiefen. Trotz der Herausforderungen und Debatten, die sie mit sich gebracht hat, bleibt die Bibel ein faszinierendes und inspirierendes Werk, das weiterhin die Geister der Menschen bewegt und zum Nachdenken anregt.

Die Bibel in der heutigen Zeit

Die Bibel bleibt auch in der heutigen Zeit ein faszinierendes und einflussreiches Buch, das nicht nur im religiösen Kontext, sondern auch in Kultur, Literatur und Gesellschaft eine bedeutende Rolle spielt. In diesem Kapitel werden wir uns mit der Vielfalt der Bibelübersetzungen und ihrem Einfluss auf verschiedene Aspekte der modernen Welt befassen.

Bibelübersetzungen und ihre Vielfalt

Die Bibel wurde im Laufe der Jahrhunderte in unzählige Sprachen übersetzt, um Menschen auf der ganzen Welt Zugang zu den heiligen Schriften zu ermöglichen. Diese Vielfalt an Übersetzungen reflektiert nicht nur die sprachliche Vielfalt der Menschheit, sondern auch die kulturellen und theologischen Unterschiede, die in den verschiedenen Übersetzungen zum Ausdruck kommen. Von traditionellen Übersetzungen wie der King James Version bis hin zu zeitgenössischen Paraphrasen und Studienbibeln gibt es eine große Bandbreite an Bibelübersetzungen, die unterschiedliche Zielgruppen und Bedürfnisse ansprechen.

Einfluss der Bibel auf Kultur

Die Bibel hat einen tiefgreifenden Einfluss auf die Kultur der Menschheit ausgeübt, sowohl in religiöser als auch in säkularer Hinsicht. Zahlreiche literarische Werke, Kunstwerke, Musikstücke und Filme haben biblische Motive und Themen aufgegriffen und interpretiert. Die biblischen Geschichten und moralischen Lehren haben Generationen von Künstlern und Kreativen inspiriert und sind zu einem festen Bestandteil des kulturellen Gedächtnisses geworden.

Einfluss der Bibel auf Literatur

Die Bibel ist nicht nur ein religiöses Buch, sondern auch ein bedeutendes literarisches Werk, das zahlreiche Autoren und Schriftsteller inspiriert hat. Viele literarische Werke, von antiken Epen bis hin zu modernen Romanen, greifen biblische Motive, Symbole und Themen auf und reflektieren über sie. Die Sprache und Bildhaftigkeit der Bibel haben die Entwicklung der westlichen Literatur maßgeblich beeinflusst und sind bis heute in zahlreichen literarischen Werken präsent.

Einfluss der Bibel auf Gesellschaft

Die Bibel hat auch einen tiefgreifenden Einfluss auf die Gesellschaft und das soziale Leben ausgeübt. Ihre moralischen Lehren und ethischen Grundsätze haben die Entwicklung von Rechtssystemen, politischen Ideologien und sozialen Bewegungen beeinflusst. Die Bibel hat zur Förderung von Gerechtigkeit, Mitgefühl und Solidarität beigetragen und dient weiterhin als Grundlage für viele soziale und humanitäre Initiativen auf der ganzen Welt.

Die bleibende Bedeutung der Bibel

In der heutigen Zeit bleibt die Bibel ein lebendiges und aktuelles Buch, das weiterhin Menschen aller Kulturen und Hintergründe anspricht. Ihre Vielfalt an Übersetzungen und Interpretationen spiegelt die Vielfalt der menschlichen Erfahrung wider und macht sie zu einem universellen und zeitlosen Werk, das auch in Zukunft Generationen von Menschen inspirieren und prägen wird.

Die Herausforderungen der Bibelkritik

Die Bibelkritik ist ein Bereich von anhaltender Debatte und Kontroverse, der die Schnittstelle zwischen Glauben und wissenschaftlicher Untersuchung darstellt. In diesem Kapitel werden wir uns mit den Kontroversen und aktuellen Debatten befassen, die die Bibelkritik prägen und die Interaktion zwischen Glauben und wissenschaftlicher Kritik reflektieren.

Die Spannung zwischen Glauben und wissenschaftlicher Kritik

Die Spannung zwischen Glauben und wissenschaftlicher Kritik ist eine grundlegende Herausforderung für die Bibelkritik. Während Gläubige die Bibel als göttlich inspiriertes Wort Gottes betrachten und ihre Autorität als unantastbar ansehen, stellen wissenschaftliche Ansätze wie die historisch-kritische Methode die biblischen Texte auf den Prüfstand und untersuchen sie mit rationalen und kritischen Methoden. Diese Spannung zwischen Glauben und wissenschaftlicher Kritik führt oft zu Kontroversen und Debatten über die Interpretation und Bedeutung der Bibel.

Kontroversen über die Autorität der Bibel

Eine der zentralen Kontroversen in der Bibelkritik betrifft die Autorität der Bibel. Während einige Gläubige die Bibel als unfehlbares und wörtlich inspiriertes Wort Gottes betrachten, argumentieren viele Bibelwissenschaftler, dass die Bibel als menschliches Dokument betrachtet werden sollte, das im Laufe der Zeit entstanden ist und von menschlichen Autoren verfasst wurde. Diese unterschiedlichen Ansätze zur Autorität der Bibel führen zu Debatten über die Auslegung und Anwendung der biblischen Texte.

Fragen der historischen Genauigkeit und Glaubwürdigkeit

Eine weitere Herausforderung in der Bibelkritik betrifft Fragen der historischen Genauigkeit und Glaubwürdigkeit der biblischen Texte. Wissenschaftliche Untersuchungen haben gezeigt, dass viele biblische Ereignisse und Geschichten historisch nicht belegt sind oder dass es unterschiedliche historische Interpretationen gibt. Dies wirft Fragen nach der Zuverlässigkeit und Glaubwürdigkeit der biblischen Berichte auf und fordert traditionelle Glaubensvorstellungen heraus.

Interaktion zwischen Glauben und wissenschaftlicher Kritik

Trotz der Kontroversen und Debatten spielt die Interaktion zwischen Glauben und wissenschaftlicher Kritik eine wichtige Rolle in der Bibelkritik. Viele Gläubige sehen die wissenschaftliche Untersuchung der Bibel nicht als Bedrohung, sondern als Möglichkeit zur Vertiefung ihres Verständnisses und ihrer Interpretation der biblischen Texte. Auf der anderen Seite erkennen viele Bibelwissenschaftler die Bedeutung des Glaubens für die Interpretation der Bibel und respektieren die spirituelle Dimension der Schrift.

Die Suche nach einem gemeinsamen Verständnis

Trotz der Herausforderungen und Kontroversen streben viele Bibelkritiker nach einem gemeinsamen Verständnis und Dialog zwischen Glauben und wissenschaftlicher Kritik. Dies erfordert einen respektvollen Austausch von Ideen und Perspektiven sowie eine Anerkennung der Vielfalt an Interpretationen und Glaubensüberzeugungen innerhalb der Bibelkritik. Letztendlich liegt das Ziel darin, ein tieferes Verständnis der Bibel und ihrer Bedeutung für die menschliche Erfahrung zu erreichen, unabhängig von den unterschiedlichen Ansätzen und Überzeugungen.

Die Bibel in interreligiösen Kontexten

Die Beziehung zwischen der Bibel und anderen religiösen Schriften sowie der Dialog zwischen verschiedenen Glaubensrichtungen sind wichtige Aspekte in interreligiösen Kontexten. In diesem Kapitel werden wir die Gemeinsamkeiten und Unterschiede der Bibel mit anderen religiösen Schriften untersuchen und den Dialog zwischen verschiedenen Glaubensrichtungen betrachten.

Gemeinsamkeiten und Unterschiede mit anderen religiösen Schriften

Die Bibel teilt viele Gemeinsamkeiten mit anderen religiösen Schriften, insbesondere mit dem Tanach des Judentums und dem Koran des Islam. Alle drei Schriften enthalten ethische Lehren, spirituelle Weisheiten und historische Erzählungen, die für ihre jeweiligen Glaubensgemeinschaften von großer Bedeutung sind. Trotz dieser Gemeinsamkeiten gibt es auch Unterschiede in der theologischen Interpretation, der Gottesvorstellung und der moralischen Lehre zwischen den verschiedenen religiösen Schriften.

Dialog zwischen verschiedenen Glaubensrichtungen

Der Dialog zwischen verschiedenen Glaubensrichtungen spielt eine wichtige Rolle in interreligiösen Kontexten und trägt zur

Förderung des gegenseitigen Verständnisses und Respekts bei. Durch den Dialog können Gläubige verschiedener Religionen ihre religiösen Überzeugungen und Praktiken miteinander teilen, gemeinsame Werte und Ziele identifizieren und gemeinsame Anliegen ansprechen, wie zum Beispiel soziale Gerechtigkeit, Frieden und Umweltschutz.

Herausforderungen im interreligiösen Dialog

Der interreligiöse Dialog ist jedoch nicht ohne Herausforderungen. Unterschiedliche theologische Überzeugungen, historische Konflikte und kulturelle Unterschiede können zu Spannungen und Missverständnissen führen. Darüber hinaus können politische und gesellschaftliche Faktoren den Dialog erschweren und die Beziehungen zwischen verschiedenen religiösen Gruppen belasten. Trotz dieser Herausforderungen ist der interreligiöse Dialog von entscheidender Bedeutung für den Aufbau von Brücken des Verständnisses und der Zusammenarbeit zwischen verschiedenen Glaubensgemeinschaften.

Die Bedeutung des interreligiösen Dialogs für die Bibel

Für die Bibel ist der interreligiöse Dialog von großer Bedeutung, da er dazu beiträgt, ihr Verständnis und ihre Interpretation zu vertiefen. Durch den Dialog können Gläubige verschiedene Perspektiven auf die biblischen Texte austauschen, gemeinsame ethische Werte erkennen und die Bedeutung der Bibel für das religiöse Leben und die menschliche Spiritualität reflektieren. Darüber hinaus kann der interreligiöse Dialog dazu beitragen, Vorurteile und Stereotypen abzubauen und einen Raum für gegenseitige Anerkennung und Respekt zu schaffen.

Die Digitalisierung der Bibel

Die Digitalisierung hat einen revolutionären Einfluss auf die Verbreitung und Zugänglichkeit der Bibel gehabt und neue Formen der Bibelinterpretation im digitalen Zeitalter ermöglicht. In diesem Kapitel werden wir die Auswirkungen der Digitalisierung auf die Bibel untersuchen und die neuen Möglichkeiten der Bibelinterpretation im digitalen Zeitalter betrachten.

Verbreitung digitaler Bibelausgaben

Durch die Digitalisierung ist die Bibel heute leichter zugänglich als je zuvor. Digitale Bibelausgaben können einfach über das Internet heruntergeladen oder in speziellen Bibel-Apps auf Smartphones, Tablets und E-Readern gelesen werden. Diese digitale Verfügbarkeit hat es Millionen von Menschen auf der ganzen Welt ermöglicht, die Bibel zu lesen und zu studieren, unabhängig von ihrem Standort oder ihren finanziellen Mitteln.

Zugänglichkeit digitaler Bibelausgaben

Die Digitalisierung hat auch die Zugänglichkeit der Bibel für Menschen mit besonderen Bedürfnissen verbessert. Durch Funktionen wie Text-zu-Sprache und Vorlesefunktionen können sehbehinderte Menschen die Bibel in digitaler Form hören. Darüber hinaus ermöglichen Such- und Navigationsfunktionen in digitalen Bibelausgaben ein schnelles Auffinden von Bibelstellen und das Vergleichen verschiedener Übersetzungen und Kommentare.

Neue Formen der Bibelinterpretation im digitalen Zeitalter

Die Digitalisierung hat neue Möglichkeiten der Bibelinterpretation im digitalen Zeitalter eröffnet. Durch multimediale Elemente wie Audioaufnahmen, Videos und interaktive Grafiken können biblische Geschichten und Texte auf vielfältige und ansprechende Weise präsentiert werden. Darüber hinaus ermöglichen Online-Plattformen und soziale Medien den Austausch von Bibelstudienmaterialien, Kommentaren und Diskussionen in Echtzeit, was zu einer lebendigen und dynamischen Bibelinterpretationsgemeinschaft führt.

Herausforderungen und Chancen der Digitalisierung

Obwohl die Digitalisierung viele Vorteile für die Verbreitung und Zugänglichkeit der Bibel bietet, birgt sie auch Herausforderungen und Chancen. Zu den Herausforderungen gehören Fragen des Urheberrechts, der Datensicherheit und der Qualitätssicherung von digitalen Bibelausgaben. Gleichzeitig eröffnet die Digitalisierung jedoch auch neue Chancen für die Zusammenarbeit zwischen Bibelwissenschaftlern, Softwareentwicklern und theologischen Experten, um innovative digitale Bibelstudienwerkzeuge und -ressourcen zu entwickeln.

Die Zukunft der digitalen Bibel

Die Zukunft der digitalen Bibel verspricht weiterhin Innovationen und Fortschritte in der Bibelverbreitung und -interpretation. Mit der kontinuierlichen Entwicklung von Technologie und Internetinfrastruktur werden digitale Bibelausgaben noch einfacher zugänglich und vielfältiger in ihrer Präsentation und Interpretation werden. Die digitale Bibel wird auch weiterhin eine wichtige Rolle dabei spielen, Menschen auf der ganzen Welt Zugang zur biblischen Botschaft zu ermöglichen und das Verständnis und die Interpretation der Bibel im digitalen Zeitalter zu fördern.

Biblische Archäologie und historischer Kontext

Die biblische Archäologie spielt eine entscheidende Rolle beim Verständnis der Bibel, indem sie archäologische Entdeckungen untersucht und ihren historischen Kontext erforscht. In diesem Kapitel werden wir uns mit der Bedeutung von archäologischen Entdeckungen für das Verständnis der Bibel befassen und die historischen Bezüge sowie kulturellen Einflüsse aufzeigen.

Archäologische Entdeckungen und ihre Bedeutung

Archäologische Entdeckungen bieten wichtige Einblicke in die Welt der Bibel und helfen dabei, biblische Ereignisse, Personen und Orte zu verstehen. Von antiken Städten und Tempeln bis hin zu Alltagsgegenständen und Inschriften liefern archäologische Funde konkrete Beweise für die historische Realität der biblischen Berichte. Zum Beispiel haben Ausgrabungen in Städten wie Jerusalem, Jericho und Megiddo wichtige Informationen über das Leben im biblischen Israel ans Licht gebracht und die Genauigkeit vieler biblischer Erzählungen bestätigt.

Historische Bezüge und kulturelle Einflüsse

Die biblische Archäologie ermöglicht auch eine tiefere Untersuchung der historischen Bezüge und kulturellen Einflüsse, die die biblischen Texte geprägt haben. Durch die Analyse von archäologischen Funden können Forscher die politischen, sozialen und wirtschaftlichen Bedingungen der antiken Welt rekonstruieren und die kulturellen Traditionen und Bräuche verstehen, die in der Bibel beschrieben werden. Darüber hinaus können archäologische Entdeckungen helfen, die Interaktionen zwischen den verschiedenen Völkern und Kulturen im Alten Orient zu verstehen und die komplexe Geschichte der Region zu rekonstruieren.

Beispiele für bedeutende archäologische Entdeckungen

Zu den bedeutendsten archäologischen Entdeckungen im Zusammenhang mit der Bibel gehören Funde wie die Qumran-Rollen*, die eine Fülle von religiösen Texten aus der Zeit des Zweiten Tempels enthalten und Einblicke in das Judentum zur Zeit Jesu bieten. Ebenso haben Ausgrabungen in Städten wie Babylon, Ninive und Ägypten wichtige Informationen über die kulturellen und politischen Kontexte geliefert, in denen die biblischen Ereignisse stattfanden. Diese Entdeckungen haben dazu beigetragen, das Verständnis der Bibel zu vertiefen und ihre historische Authentizität zu stärken.

* = Die Schriftrollen vom Toten Meer (Qumran-Rollen / englisch Dead Sea Scrolls) oder Qumran-Handschriften sind eine Gruppe von antiken jüdischen Texten, die elf Höhlen nahe der archäologischen Stätte Khirbet Qumran im

Westjordanland zugeordnet werden. Von 1947 bis 1956 wurden die Höhlen entdeckt, meist von Beduinen. Die Handschriften wurden teils aus dem Antikenhandel erworben, teils bei der archäologischen Untersuchung der Höhlen gefunden. Etwa 15 Buchrollen sind noch als solche erkennbar. Der Rest, geschätzt 900 bis 1000 Rollen, ist in mehr als 15.000 Fragmente zerfallen. Die Handschriften werden aufgrund der Buchstabenformen (paläografisch) in die Zeit vom 3. Jahrhundert v. Chr. bis ins 1. Jahrhundert n. Chr. datiert. Mit der Radiokarbonmethode wurde diese Datierung in einigen Fällen überprüft und bestätigt. Die meisten Texte sind in hebräischer Sprache verfasst; fast alle sind literarisch und haben einen religiösen Inhalt. Alltagstexte wie zum Beispiel Briefe gibt es kaum. Der literarische Charakter unterscheidet die Qumranhandschriften von anderen antiken Textfunden in der Region (mit Ausnahme von Masada) und lässt sie, trotz der Vielfalt des Inhalts, für viele Fachleute als zusammengehörig erscheinen.

Für die Textgeschichte der hebräischen Bibel (des jüdischen Tanach bzw. des christlichen Alten Testaments) sind die Schriftrollen vom Toten Meer von herausragender Bedeutung. Der später im Judentum kanonisch gewordene Masoretische Text steht einem Typ von Qumranhandschriften sehr nahe, was das Alter und die Qualität der jüdischen Schreibertradition unterstreicht. Dieser proto-masoretische Text hat aber kein Monopol. Es gibt unter den biblischen Qumranhandschriften ein gleichwertiges Nebeneinander verschiedener Texttypen.

Das hellenistische und frührömische Judaa war bis zu den Qumranfunden fast nur durch Schriften bekannt, die in einem jahrhundertelangen, meist christlich gesteuerten Auswahlprozess überliefert worden waren. Die Qumranhandschriften dagegen enthalten ein von mittelalterlichen Kopisten unzensiertes Spektrum antiker jüdischer Literatur. Im Mittelpunkt steht die Tora: Manche Qumranschriften rücken eine Haupt- oder Nebenfigur der Tora ins Zentrum. Es gibt freie Nacherzählungen von Tora-Stoffen. Andere Autoren brachten die Rechtstexte der Tora in eine neue Reihenfolge und entwickelten sie weiter.

Im Qumranschrifttum hebt sich eine Gruppe von Texten heraus, die in einer jüdischen Gemeinschaft mit besonderer Prägung verfasst worden waren. Diese Gemeinschaft nannte sich selbst Jachad und wird in der Forschung oft mit den Essenern identifiziert. Mitglieder des Jachad befolgten die Gebote der Tora mit großer Radikalität und darüber hinaus eigene Gebote, von denen man außerhalb des Jachad nichts wusste. Der Jachad lehnte den Jerusalemer Tempel ab und glaubte, dass die Liturgie in der eigenen Gruppe den Jerusalemer Opferkult ersetzen könne. Viele Verfasser waren überzeugt, in der Endzeit zu leben. Das war kompatibel mit einem Interesse an Weisheitsliteratur, die im Spektrum der Qumranschriften gut vertreten ist. Was unter den erhaltenen außerbiblischen Schriftrollen vom Toten Meer dagegen fehlt, sind historische Werke.

Personen des Urchristentums werden in den durchschnittlich 100 Jahre älteren Qumrantexten nicht genannt. Für die Judaistik eröffnen die Handschriften vom Toten Meer neue Einsichten in die Entwicklung der Halacha.
→ https://de.wikipedia.org/wiki/Schriftrollen_vom_Toten_Meer

Die Bedeutung der biblischen Archäologie heute

Die Bedeutung der biblischen Archäologie für das Verständnis der Bibel ist auch heute noch von großer Relevanz. Durch kontinuierliche Ausgrabungen und Forschungen werden immer neue Erkenntnisse gewonnen, die unser Verständnis der biblischen Welt und ihrer Geschichte erweitern. Die biblische Archäologie trägt somit dazu bei, die Bibel als historisches Dokument zu legitimieren und ihr kulturelles Erbe zu bewahren.

Kontroversen und Interpretationen

Jn der Welt der Bibel gibt es zahlreiche kontroverse Themen und unterschiedliche Auslegungen, die zu vielfältigen theologischen Perspektiven führen. In diesem Kapitel werden wir uns mit einigen dieser umstrittenen Themen und den verschiedenen Interpretationen befassen, die die Bibel prägen.

Frauen in der Bibel: Unterdrückung oder Befreiung?

Die Rolle der Frauen in der Bibel ist ein kontroverses Thema, das zu unterschiedlichen Interpretationen führt. Einige sehen die Bibel als ein Dokument der Unterdrückung von Frauen, das patriarchalische Strukturen und Geschlechterstereotype unterstützt. Andere interpretieren die Bibel jedoch als eine Quelle der Befreiung und Ermächtigung von Frauen, die Geschichten von starken und mutigen Frauen wie Deborah, Ruth und Esther enthält.

Homosexualität und die Bibel: Verurteilung oder Toleranz?

Die Frage nach der Haltung der Bibel zur Homosexualität ist ein weiteres umstrittenes Thema, das zu unterschiedlichen Interpretationen führt. Einige glauben, dass die Bibel die Homosexualität eindeutig verurteilt und als Sünde betrachtet, während andere argumentieren, dass die biblischen Texte in ihrem historischen und kulturellen Kontext interpretiert werden müssen und dass die Liebe und Toleranz im Zentrum des christlichen Glaubens stehen sollten.

Evolution und Schöpfung: Konflikt oder Harmonie?

Der Konflikt zwischen Evolution und Schöpfungslehre ist ein Thema, das viele Gläubige und Bibelwissenschaftler beschäftigt. Einige vertreten die Ansicht, dass die biblische Schöpfungsgeschichte wörtlich zu verstehen ist und dass sie im Widerspruch zur Evolutionstheorie steht. Andere argumentieren jedoch, dass die Schöpfungsgeschichte metaphorisch interpretiert werden sollte und dass Glaube und Wissenschaft miteinander vereinbar sind.

Endzeitvorstellungen und Apokalyptik: Angst oder Hoffnung?

Die Endzeitvorstellungen und die Apokalyptik sind Themen, die viele Menschen faszinieren und zugleich beunruhigen. Einige interpretieren die apokalyptischen Texte der Bibel als Warnungen vor kommenden Katastrophen und Zeichen des Weltendes, während andere sie als Verheißungen der Hoffnung und des göttlichen Eingreifens interpretieren. Diese unterschiedlichen Auslegungen können zu verschiedenen Haltungen gegenüber der Zukunft und zu unterschiedlichen Handlungsweisen führen.

Die Vielfalt der theologischen Perspektiven

Die Vielfalt der theologischen Perspektiven in Bezug auf kontroverse Themen und Interpretationen der Bibel spiegelt die Komplexität und Tiefe der biblischen Texte wider. Trotz unterschiedlicher Meinungen und Überzeugungen ist es wichtig, respektvoll miteinander umzugehen und den Dialog und die Diskussion über diese Themen fortzusetzen. Letztendlich kann die Vielfalt der theologischen Perspektiven dazu beitragen, ein reichhaltigeres und umfassenderes Verständnis der Bibel und ihres Einflusses auf das menschliche Leben zu fördern.

Ausblick und Zusammenfassung

Die Geschichte der Bibel ist reichhaltig und vielschichtig, und ihre Bedeutung erstreckt sich über Jahrhunderte und Kulturen hinweg. In diesem abschließenden Kapitel werfen wir einen Blick auf aktuelle Entwicklungen und zukünftige Herausforderungen im Zusammenhang mit der Bibel und fassen die Vielschichtigkeit ihrer Geschichte zusammen.

Aktuelle Entwicklungen in der Bibelforschung

In der heutigen Zeit erlebt die Bibelforschung eine Zeit des Wandels und der Innovation. Neue Entdeckungen in Archäologie, Textkritik und historischer Forschung werfen kontinuierlich neues Licht auf die Welt der Bibel und führen zu einem vertieften Verständnis ihrer Entstehung und Bedeutung. Darüber hinaus haben Fortschritte in der digitalen Technologie neue Möglichkeiten der Bibelstudie und -interpretation eröffnet, die es Forschern und Gläubigen ermöglichen, die Bibel auf noch nie dagewesene Weise zu erkunden.

Zukünftige Herausforderungen und Fragen

Trotz der Fortschritte und Errungenschaften in der Bibelforschung stehen wir auch vor zukünftigen Herausforderungen und Fragen. Kontroverse Themen wie die Interpretation der Bibel in interreligiösen Kontexten, ethische Fragen im Zusammenhang mit biblischen Lehren und die Auswirkungen der

Bibel auf moderne Gesellschaften werden weiterhin Diskussionen und Debatten anregen. Darüber hinaus werden sich die Herausforderungen der Bibelübersetzung und -verbreitung in einer zunehmend globalisierten Welt fortsetzen, in der kulturelle und sprachliche Vielfalt eine immer wichtigere Rolle spielen.

Resümee über die Vielschichtigkeit der Bibelgeschichte

Die Geschichte der Bibel ist geprägt von Vielschichtigkeit und Vielfalt, von kontroversen Debatten und inspirierenden Erkenntnissen. Von den alten Schriftrollen in Qumran bis hin zu den modernen Bibel-Apps auf unseren Smartphones hat die Bibel eine faszinierende Entwicklung durchgemacht und ist zu einem unverzichtbaren Bestandteil des kulturellen Erbes der Menschheit geworden. Ihr Einfluss erstreckt sich über Religion, Literatur, Kunst und Gesellschaft und wird auch in Zukunft eine Quelle der Inspiration und Reflexion für Generationen von Menschen sein.

Ausblick in die Zukunft

Während wir in die Zukunft blicken, können wir optimistisch sein über die Rolle, die die Bibel weiterhin in unserem Leben spielen wird. Ihre zeitlosen Lehren und inspirierenden Geschichten werden auch weiterhin Menschen auf der ganzen Welt Trost, Hoffnung und Orientierung bieten. Indem wir die Vielschichtigkeit der Bibelgeschichte anerkennen und wertschätzen, können wir ihr Erbe bewahren und gleichzeitig die Möglichkeiten erkunden, die sie uns für eine bessere und verständnisvollere Zukunft bietet.

Die Bibel hinsichtlich ihrer Erfindung

Die Wahl des Buchtitels ›Die Erfindung der Bibel‹ könnte auf den ersten Blick provokativ wirken, doch hinter dieser Formulierung verbirgt sich eine komplexe Fragestellung. Es geht um die Natur der biblischen Schriften: Sind sie tatsächlich das Wort Gottes, wie es von vielen Gläubigen geglaubt wird, oder sind sie das Produkt menschlicher Erfindung und Interpretation? Warum wird behauptet, dass Gott nur damals sprach und seitdem nicht mehr in dieser Form?

Die Frage nach der göttlichen Inspiration

Für gläubige Menschen sind die biblischen Schriften das Ergebnis einer göttlichen Inspiration. Sie glauben, dass die Autoren der Bibel von Gott geleitet wurden und ihre Worte daher göttliche Autorität besitzen. Diese Überzeugung gründet sich auf die Annahme, dass die Bibel als Gottes Offenbarung an die Menschheit angesehen wird, die Heilige Schrift, die den göttlichen Willen und die Beziehung zwischen Gott und den Menschen offenbart.

Historisch-kritische Betrachtung der Bibel

Auf der anderen Seite stehen historisch-kritische Ansätze, die die biblischen Schriften als das Produkt menschlicher Autoren in einem bestimmten historischen und kulturellen Kontext betrachten. Diese Perspektive analysiert die biblischen Texte unter Berücksichtigung ihrer Entstehungsgeschichte, ihrer literarischen Formen und ihrer sozialen und politischen Hintergründe. Sie hinterfragt die Vorstellung einer direkten göttlichen Inspiration und betrachtet die Bibel als Ergebnis eines langen Entstehungsprozesses, bei dem verschiedene Autoren und Redaktoren beteiligt waren.

Warum sprach Gott nur damals?

Die Frage, warum Gott angeblich nur in der biblischen Zeit sprach und seitdem nicht mehr in dieser Form, ist eine komplexe theologische Frage. Einige glauben, dass Gott auch heute noch zu den Menschen spricht, jedoch auf andere Weise, etwa durch spirituelle Eingebungen, Gebet oder die Heilige Schrift. Andere interpretieren die biblischen Berichte über Gottes direktes Eingreifen als spezifische historische Ereignisse, die sich in einer bestimmten Zeit und Kultur ereigneten und nicht notwendigerweise als Modell für göttliche Kommunikation in späteren Zeiten dienen sollten.

Die Vielschichtigkeit der Gotteserfahrung

Letztendlich ist die Frage nach der Natur der biblischen Schriften und der göttlichen Kommunikation eine Frage, die viele unterschiedliche Antworten und Perspektiven zulässt. Die Vielschichtigkeit der Gotteserfahrung zeigt sich in den unterschiedlichen religiösen Traditionen und Überzeugungen, die die Menschheit seit Jahrtausenden geprägt haben. Trotz aller theologischen Debatten und Kontroversen bleibt die Bibel für Millionen von Menschen auf der ganzen Welt eine Quelle der Inspiration, des Trostes und der geistigen Führung.

Über den Autor

Lutz Spilker wurde im Jahre 1955 in Duisburg geboren.

Bevor er zum Schreiben von Romanen und Dokumentationen fand, verließen bisher unzählige Kurzgeschichten, Kolumnen und Versdichtungen seine Feder.

In seinen Büchern befasst er sich vorrangig mit dem menschlichen Bewusstsein und der damit verbundenen Wahrnehmung. Seine Grenzen sind nicht die, welche mit der Endlichkeit des Denkens, des Handelns und des Lebens begrenzt werden, sondern jene, die der empirischen Denkform noch nicht unterliegen.

Es sind die Möglichkeiten des Machbaren, die Dinge, welche sich allein in der Vorstellung eines jeden Menschen darstellen und aufgrund der Flüchtigkeit des Geistes unbewiesen bleiben. Die Erkenntnis besitzt ihre Gültigkeit lediglich bis zur Erlangung einer neuen und die passiert zu jeder weiteren Sekunde.

Die Welt von Lutz Spilker beginnt dort, wo zu Beginn allen Seins nichts Fassbares war, als leerer Raum. Kein Vorne, kein Hinten, kein Oben und kein Unten. Kein Glaube, kein Wissen, keine Moral, keine Gesetze und keine Grenzen. Nichts.

In Lutz Spilkers Romanen passieren heimtückische Morde ebenso wie die Zauber eines Märchens. Seine Bücher sind oftmals Thriller, Krimi, Abenteuer, Science Fiction, Fantasy und selbst Love-Story in einem.

»Ich liebe die Sprache: Sie vermag zu streicheln, zu liebkosen und zu Tränen zu rühren. Doch sie kann ebenso stachelig sein, wie der Dorn einer Rose und mit nur einem Hieb zerschmettern.«

In dieser Reihe sind bisher erschienen

Die Erfindung der Langeweile
Die Erfindung des Menschen
Die Erfindung des Geldes
Die Erfindung des Teufels
Die Erfindung des Erfolgs
Die Erfindung der Sterblichkeit
Die Erfindung der Lüge
Die Erfindung der Freiheit
Die Erfindung des Todes
Die Erfindung der Welt
Die Erfindung des Inselmenschen
Die Erfindung der Zeit
Die Erfindung der Seele
Die Erfindung der Politik
Die Erfindung des Gewissens
Die Erfindung der Religion
Die Erfindung der Schuld
Die Erfindung der Gerechtigkeit
Die Erfindung des Friedens
Die Erfindung des Selbstgesprächs
Die Erfindung der Zukunft
Die Erfindung der Pornographie
Die Erfindung der Verschwendung
Die Erfindung des Erwachsenseins
Die Erfindung der Hölle
Die Erfindung der Überbevölkerung
Die Erfindung des Himmels
Die Erfindung der Monarchie
Die Erfindung der Unterhaltung
Die Erfindung der Sprache
Die Erfindung der Musik

Die Erfindung der Wiedergeburt
Die Erfindung des Zufalls
Die Erfindung der Namen
Die Erfindung des Bewusstseins
Die Erfindung des freien Willens
Die Erfindung des Wahrsagens
Die Erfindung der Körpersprache
Die Erfindung des Schlafs
Die Erfindung der Sklaverei
Die Erfindung der Angst
Die Erfindung der Vernunft
Die Erfindung des Vollmonds
Die Erfindung des Vitamin B
Die Erfindung des Make-Up
Die Erfindung des Weihnachtsfestes
Die Erfindung des Ku-Klux-Klan
Die Erfindung des Träumens
Die Erfindung der Flaschenpost
Die Erfindung der Mafia
Die Erfindung der Freimaurer
Die Erfindung der Freibeuter
Die Erfindung der Raumfahrt
Die Erfindung der Tempelritter
Die Erfindung des ADHS-Syndroms
Die Erfindung der Homöopathie
Die Erfindung der Freizeitparks

Zeitfracht Medien GmbH
Ferdinand-Jühlke-Straße 7
99095 Erfurt, Deutschland
produktsicherheit@kolibri360.de